L'INAUGURATION

DE

L'EXPOSITION

INDUSTRIELLE

DE MULHOUSE

(11, 12 MAI 1876)

—

LETTRES ÉCRITES D'ALSACE

PAR

ALFRED MARCHAND

RÉDACTEUR DU *Temps*

PARIS

SANDOZ ET FISCHBACHER, ÉDITEURS

33, RUE DE SEINE, 33

—

1876

L'INAUGURATION

DE

L'EXPOSITION INDUSTRIELLE

DE MULHOUSE

Paris. — Typ. de Ch. Meyrueis, 13, rue Cujas.

L'INAUGURATION

DE

L'EXPOSITION

INDUSTRIELLE

DE MULHOUSE

(11, 12 MAI 1876)

—

LETTRES ÉCRITES D'ALSACE

PAR

ALFRED MARCHAND

RÉDACTEUR DU *Temps*

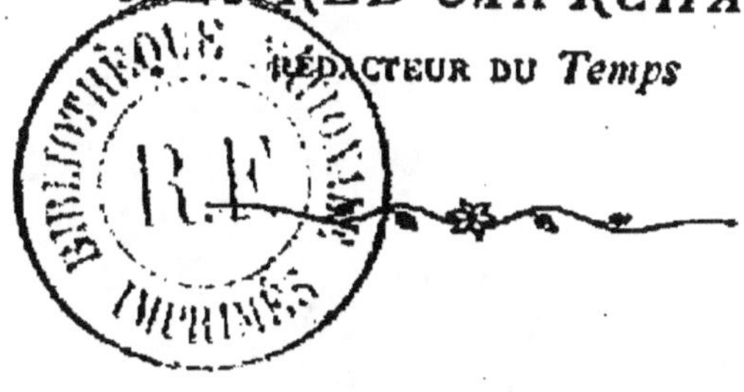

PARIS

SANDOZ ET FISCHBACHER, ÉDITEURS

33, RUE DE SEINE, 33

—

1876

AVANT-PROPOS

—

Un événement aussi considérable que l'ouverture de l'Exposition industrielle de Mulhouse ne pouvait laisser le Temps indifférent. Par une gracieuse attention dont j'ai senti tout le prix, mon directeur, en me choisissant entre tous mes collègues pour représenter le journal à la fête mulhousienne, a tenu évidemment compte des nombreux liens qui me rattachent au « pays du Rhin » et qui devaient me rendre ma tâche particulièrement douce.

Emporté à la fois par le sentiment filial qu'il éprouve comme moi pour l'Alsace, et par l'amitié qui nous unit depuis les premières heures de notre jeunesse, mon éditeur, exagérant la valeur des lettres que j'ai écrites au

Temps, m'a arraché l'autorisation de les recueillir et de les publier à part. J'ai cédé à la douce violence qu'il m'a faite, dans la pensée que mes lecteurs alsaciens voudront fermer les yeux sur les lacunes et les imperfections de cette relation écrite à grande vitesse, considérer avant tout les intentions et les sentiments qui l'ont provoquée et dictée, et accepter simplement ces pages fugitives comme un souvenir qui leur vient de la France, comme un témoignage de sympathie qu'ont voulu leur donner l'éditeur et l'auteur. C'est à ce titre seul que j'ose leur offrir ces lettres. Je les dédie à mes anciens et à mes nouveaux amis d'Alsace.

ALFRED MARCHAND.

Paris, le 18 mai 1876.

L'INAUGURATION

DE

L'EXPOSITION INDUSTRIELLE

DE MULHOUSE

—

PREMIÈRE LETTRE

—

AU DIRECTEUR DU *Temps*.

Mulhouse, jeudi soir, 11 mai.

Mon cher directeur.

En débarquant ce matin à Mulhouse, le touriste non prévenu ne se serait point douté que l'industrie alsacienne allait tenir aujourd'hui même une de ses grandes assises dans la ville manufactu-

rière par excellence. A la gare, point de
drapeaux, point de curieux accourus
pour attendre les invités, rien qui annon-
çât que quelque chose d'extraordinaire
allait se passer. Dans les rues, le mouvement de la vie de tous les jours, les
magasins ouverts, les ouvriers allant à
leur travail. C'est que la fête qui va se
célébrer doit être une fête presque intime.
Les fondateurs de la Société industrielle,
ses membres actifs, un certain nombre
de délégués de sociétés amies du dehors,
y seront seuls admis. Le grand public ne
pourra visiter l'exposition que plus tard.
En présence de la situation qui est faite
à l'Alsace, on a compris qu'une grande
manifestation populaire pourrait donner
lieu à des inconvénients divers; les industriels de Mulhouse ne peuvent pas se
défendre de se réjouir du progrès de leur

œuvre, mais ils ont senti que cette joie ne pouvait pas et ne devait pas être bruyante. Ils ont voulu que leur fête ne fût point troublée par l'invasion des questions ou des préoccupations irritantes, et pour cela, il n'y avait qu'un moyen : c'était de décider que l'inauguration de l'exposition serait faite par un petit nombre, « qu'on resterait entre soi. » C'est ce qu'on a désiré, c'est ce qu'on a obtenu. La fête a gagné en dignité ce qu'elle a perdu en éclat.

C'est à deux heures que devait s'ouvrir l'exposition. Dès une heure, le président de la Société industrielle, M. Auguste Dollfus, s'était rendu à son poste, dans une des salles de l'hôtel où la Société a établi son siége, et y recevait les invités, trouvant un mot gracieux à l'adresse de chacun d'eux, se faisant tout à tous. Quatre cents hôtes étant à peu près réunis, la fête fut déclarée ouverte et l'on commença à passer en revue les objets exposés. Hélas ! que ne suis-je compétent pour apprécier à leur juste valeur toutes ces merveilles étalées devant nous et pour rendre compte des efforts, des prodiges d'invention et d'adresse qu'il a fallu accomplir pour les réaliser ! Il me sera permis au moins de dire que l'on a réuni ici les plus beaux produits de l'industrie alsacienne, et que les personnes les plus autorisées à formuler un jugement en pareille matière, affirmaient à l'envi autour de moi que cette exposition défierait toute autre exposition rivale que l'on serait tenté de faire chez nous ou à l'étranger. L'effet est rehaussé par l'art avec lequel on a tiré parti de la place dont on disposait.

La place est assez exiguë : on l'a employée de façon à produire un effet d'ensemble harmonieux, tout en donnant satisfaction aux légitimes exigences des divers exposants. Personne n'a écrasé le voisin, personne ne s'est étalé démesurément, personne n'a été sacrifié, chacun fait valoir celui qui se trouve placé à côté de lui.

Faut-il vous énumérer quelques-unes des merveilles qui frappent et arrêtent le regard à l'entrée de la grande salle du musée ? Devant soi, l'on aperçoit de magnifiques portières fabriquées par la maison Thierry-Mieg ; à gauche, les étoffes et les cachemires de M. Steiner ; les produits de la maison Haeffely, qui représentent les nuances les plus délicates de l'arc-en-ciel ; les papiers peints de la maison Zuber de Rixheim, qui forment

des décorations d'un goût exquis. Puis,
viennent les grandes portières-rideaux
de MM. Gros, Roman, Marozeau et Cie;
les beaux velours de M. Schlumberger
fils; les imitations d'étoffes anciennes,
sorties des maisons de MM. Scheurer-
Roth et Kœchlin-Baumgartner; les
impressions de MM. Weiss-Friess, artis-
tiques au point de ressembler à de la
chromo-lithographie; enfin, les produits
si remarquables des fabriques de Sainte-
Marie-aux-Mines; les toiles de coton,
brillant comme de la soie et de manière
à faire illusion aux yeux des plus experts,
de MM. Dollfus-Mieg; les tissus exposés
par les frères Kœchlin et qui sont sem-
blables à des gazes légères et délicates;
les produits de MM. Steinheil et Die-
terlen et cent autres que j'oublie, mais
que j'ai admirés, étonné, ravi, pendant

près de deux heures. Cette exposition de
tissus a fait un peu de tort, dans cette
première journée, aux autres parties de
l'exposition. La plupart des visiteurs
n'ont donné qu'un coup d'œil plus rapide
à l'exposition d'horticulture, à l'exposition des tableaux, à l'exposition des magnifiques photographies de M. Braun,
photographies inaltérables obtenues,
par procédés polychromes et autres ; on
s'est réservé de contempler ces objets
à son aise les journées suivantes, et on
s'est arrêté de préférence dans la grande
salle où sont réunis les produits dont je
viens de vous parler. Je dois ajouter que
dans cette salle d'autres produits encore
séduisaient le regard. Il s'y trouve, outre
les tissus, les dessins originaux que l'impression ne fait que reproduire et auxquels elle doit la variété et la nouveauté

de ses étoffes ; puis les rouleaux gravés, ces chefs-d'œuvre de l'industrie moderne, au moyen desquels on reproduit mécaniquement sur étoffe des sujets qui, par la pureté du dessin, par la richesse des couleurs, rappellent la peinture ; puis encore l'intéressante exposition des filateurs de laine, de MM. Vaucher, de Mulhouse, Bourcart, de Guebwiller, etc., et l'exposition de papeterie, non moins intéressante, de MM. Zuber et Rieder.

Après avoir consacré un long temps à cette revue qui, à chaque moment, arrachait des cris de surprise et d'admiration aux visiteurs, on passa à la partie du programme qui comprenait les lectures. Cette séance s'ouvrit par un discours du président, M. Auguste Dollfus, qui rappela en quelques termes vibrants l'histoire de la Société, les progrès accomplis par elle, les triomphes obtenus, les épreuves traversées. La Société industrielle de Mulhouse a été créée en 1826 ; elle a fondé sa renommée par l'étude patiente et savante des problèmes de la science appliquée. Sous la direction des hommes éminents qui ont été ses présidents successifs, sans secousse, sans catastrophe, soutenue par le zèle indéfectible de ses membres, s'éclairant des lumières des spécialistes, stimulée par les rigueurs salutaires de la concurrence et disciplinée par le frein de la pratique, grandie enfin par les services qu'elle rendait journellement, on l'a vue lentement élargir sa sphère d'action et d'attraction, et de la ville où elle était née, elle s'est étendue à la province, et de la province à la France entière, et de la France à l'étranger. Aujourd'hui, a pu s'écrier avec une légitime fierté son président actuel, aujourd'hui toutes les branches de l'industrie sont représentées dans le sein de la Société, et la Société forme un ensemble plus complet que toutes les sociétés analogues que l'on peut citer.

M. Auguste Dollfus a terminé en rendant un touchant hommage à trois des membres fondateurs de la Société qui vivent encore et qui assistaient à la solennité : MM. Schwarz, Matthieu Thierry et Pierre Thierry. M. Engel-Dollfus, au nom de la Société, a offert une coupe d'argent au président actuel, après avoir rappelé, de manière à faire crouler la salle au bruit des applaudissements, les services rendus journellement par M. Auguste Dollfus. Le docteur Penot a pris ensuite la parole pour donner à l'assemblée quelques nouveaux détails historiques relatifs à l'institution dont on célébrait la prospérité, et il s'est attaché particulièrement à mettre en relief la sollicitude avec laquelle l'institution s'occupe du bien-être moral et de la culture intellectuelle des ouvriers. Le reste de la séance a été occupé par des rapports faits au nom des diverses branches d'industrie ou d'art dont s'occupe et que développe la Société. M. Goppelsroeder a entretenu l'assemblée des études électro-chimiques des dérivés du benzol; M. Paul Heylmann a parlé de la production facile et économique de la lumière électrique; M. Allauer, de la façon de déterminer le rendement du moteur thermique dans les machines à vapeur; M. Yvan Zuber, des établissements d'utilité publique à Mulhouse; M. Ernest Zuber, au nom du comité des beaux-arts, a décrit les développements que l'on a donnés à l'école du dessin, au musée industriel et au musée de tableaux; il a signalé l'influence que les écoles françaises exercent sur les artistes alsaciens, et il a exprimé, aux applaudissements de l'assemblée, le souhait que cette influence se perpétue en dépit des obstacles actuels; M. Amédée Rieder nous a entretenus de l'industrie du papier à Mulhouse; M. Coudron, de l'imprimerie; M. Théodore Schlumberger, de l'Association préventive des accidents.

Ces diverses lectures se sont prolongées jusque fort avant dans la soirée. Quoique bon nombre d'entre elles fussent d'un caractère passablement aride, elles ont été suivies jusqu'à la fin avec la plus extrême attention par plus de 3oo auditeurs. J'ai remarqué dans le nombre MM. Tresca et Résal, de l'Académie des sciences de Paris; M. Lauth, l'ancien maire de Strasbourg ; M. Steinheil, ancien député; M. Noblot, membre du conseil général de la Haute-Saône; des industriels de Reims, de Rouen, de Bâle, etc.

Une cordialité simple et vraie a régné d'un bout à l'autre de la séance, dans l'assemblée. Mais l'impression dominante que les hôtes venus de loin ont dû en emporter, c'est l'impression de ce sérieux qui fait le fond du caractère alsacien et qui lui donne une si grande force. Le spectacle de cet enthousiasme réfléchi pour les progrès de la science, de l'industrie et des arts, de cet enthousiasme toujours prêt à se traduire en actes et qui dédaigne les vaines phrases, ce spectacle avait quelque chose d'imposant. L'impression a grandi, quand le président a annoncé que l'un des membres de la Société, M. Haeffely, de Pfastadt, retenu chez lui, envoyait un don de 100,000 francs, pour témoigner de l'intérêt qu'il porte aux progrès de l'institution et de la joie que lui cause la célébration du cinquantième anniversaire de sa fondation. On se sentait en présence d'une force réelle, bien vivante, et on se disait en sortant que la race qui témoignait d'une vitalité aussi énergique, aussi saine, méritait et avait certainement encore devant elle, en dépit de toutes les épreuves, de nobles et brillantes destinées.

DEUXIÈME LETTRE

—

Mulhouse, vendredi matin, 12 mai.

Mon cher directeur,

Mon récit de l'inauguration de l'exposition ne serait pas complet si je n'ajoutais que la journée a été terminée par un banquet, donné dans le local même de l'exposition. Près de cinq cents hôtes, membres de la Société industrielle, délégués des sociétés étrangères, représentants de la presse locale, s'y sont trouvés réunis. Votre serviteur représentait seul, je crois, la presse de Paris et même la presse française.

Dès notre entrée, une aimable surprise nous était réservée : à côté du couvert de chaque invité se trouvait placée une serviette mignonne en toile, sortie de la maison Schœnhaupt de Mulhouse, portant le nom de la Société industrielle et la date de la fête, et destinée à perpétuer pour chacun d'entre nous le souvenir de la journée du 11 mai.

Au dessert, de nombreux toasts ont été portés; le plus important, le plus significatif, par le président de la Société industrielle. M. Auguste Dollfus a commencé par évoquer le souvenir d'un des membres les plus sympathiques et les plus éminents de la Société, de feu M. Daniel Dollfus-Ausset : « Il y a dix ans, M. Daniel Dollfus, prenant la parole dans une fête analogue à celle que nous célébrons aujourd'hui, a rappelé les origines de la Société et a montré quelles étaient les causes de sa croissante prospérité. La source de sa féconde activité, la cause de son développement, il faut les chercher dans l'esprit d'initiative personnelle qui anime chacun de ses membres, dans l'esprit libéral et républicain qui a présidé à sa fondation et qui a continué à l'animer jusqu'à ce jour. C'est en nous inspirant de cet esprit que nous aussi nous ferons marcher nos institutions dans le sens du progrès. Les développements futurs, l'extension croissante de notre industrie, la prospérité de notre cité tout entière, nous les obtiendrons en combattant partout et toujours l'esprit de routine et l'esprit d'abdication dans quelque sens que ce soit. »

L'orateur a terminé en remerciant les sociétés amies qui sont venues du dehors donner à la Société industrielle un témoignage de sympathie.

Le discours de M. Dollfus, animé d'un souffle large et généreux, a provoqué dans l'assemblée le plus chaud enthousiasme. Le passage relatif à l'esprit libéral et républicain qui a fait la prospérité de Mulhouse, a soulevé, plus encore que les autres, les applaudissements de l'auditoire. Non pas que ce passage eût un caractère politique très prononcé, militant ou provocant. Non; c'était une allusion et une allusion très-rapide au passé, et l'esprit n'en était point agressif. M. Dollfus, qui a montré infiniment de tact et de goût dans

la direction de la fête, n'est point sorti
des limites que l'on s'était tracées si sagement, et ses paroles avaient une portée morale générale, plutôt qu'une
portée politique; on pourrait même
dire que la portée politique n'était pas
expressément indiquée. Mais ces paroles, même dans leur sens le plus
large, exprimaient si bien ce qui fait le
fond même du caractère alsacien, l'esprit d'initiative personnelle et de progrès
incessant, dont l'esprit républicain n'est
que la manifestation suprême qu'elles
ont trouvé et qu'elles devaient trouver
un écho puissant dans tous les cœurs.

Et ce n'est pas seulement M. Dollfus
qui s'est imposé cette sage réserve; tous
les autres orateurs l'ont imité. Fermes,
inébranlables dans leurs convictions,
mais sobres dans la manifestation de

leurs sentiments intimes, ces fières na-
tures alsaciennes n'ont point voulu se
livrer à des démonstrations qui auraient
pu amener une intervention fâcheuse
et qui, en tout cas, étaient parfaitement
inutiles. La fête avait un caractère industriel, scientifique, pacifique, et elle
l'a conservé jusqu'à la fin.

Après M. Dollfus, M. Beugniot a
pris la parole et a porté un toast aux
membres fondateurs « à la santé de
ceux qui vivent, à la mémoire de ceux
qui sont morts. » Un des trois doyens
de la Société, M. Thierry-Mieg, a remercié l'orateur en quelques mots émus.
Après lui, M. Fauquet, délégué de la
Société d'émulation de la Seine-Infé-
rieure, s'est levé et a exprimé l'admiration profonde que lui inspirait la Société industrielle qui, a-t-il dit, n'a pas

sa pareille en Europe. Il a fait entendre le vœu que la Société de Mulhouse et l'Alsace en général continuent à rendre à l'industrie les services éminents qu'elles lui ont déjà rendus, et qu'elles gardent ce noble souci des progrès moraux qui ont toujours fait l'honneur de l'Alsace. M. Schaeffer, président du comité de chimie de la Société industrielle, a porté la santé du président, M. Auguste Dollfus, et a rappelé en termes chaleureux les inappréciables services que M. Dollfus a rendus à la Société, surtout dans la période de la crise qu'elle a traversée après les événements douloureux de 1870. La place et le temps me manquent pour analyser comme ils le mériteraient tous les discours qui ont été prononcés dans le courant de cette belle soirée. Je suis réduit à signaler brièvement le toast de M. Resal, délégué de l'Institut de France, qui a parlé au nom de l'Académie des sciences de Paris; le toast de M. Tresca, délégué du Conservatoire des arts-et-métiers de Paris; le toast de M. Ernest Zuber en l'honneur de M. Haeffely, dont je vous ai annoncé hier le magnifique don; le discours de M. Besselièvre, représentant de la Société industrielle de Rouen, le discours de M. Favre, représentant de la Société d'émulation de Montbéliard. M. Favre, pour montrer quelle extension avait prise l'industrie de Mulhouse, et jusqu'où avaient pénétré ses produits, a raconté qu'en voyageant au fond de la Sibérie russe, il avait demandé un jour l'hospitalité dans une misérable chaumière; or, quelle n'avait pas été sa joyeuse surprise en voyant entre les mains de son hôtesse un peloton de fil blanc, marqué des initiales d'une des plus grandes et des plus célèbres maisons de Mulhouse!

Ici, la série des toasts fut interrompue un moment, et la société se condamna à l'immobilité, pour permettre à M. Braun de prendre l'image photographique de la salle, éclairée par la lumière électrique. Puis, les orateurs se livrèrent de plus belle à leur inspiration.

M. Auguste Lalance, président du Cercle mulhousien, a bu à la santé du docteur Penot, l'organisateur de l'Ecole de commerce. Après une courte réponse de M. Penot, M. Amédée Rieder a prononcé quelques paroles en l'honneur des cent quarante nouveaux membres qui se sont fait recevoir cette année dans la Société. M. Thierry-Mieg a porté, en termes entraînants, la santé des membres du dehors, etc.

La soirée était déjà fort avancée, lorsque M. Engel-Dollfus, vice-président de la Société, a prononcé un petit discours plein de cœur et d'esprit, qui a obtenu un succès enthousiaste. Dans un langage familier et enjoué, plein de verve et d'âme, il a fait l'éloge des artistes alsaciens qui ont tant contribué à rehausser l'éclat de la fête.

« Il est nécessaire, a dit finement M. Engel-Dollfus, qu'on réagisse contre la fièvre du coton, contre la maladie qui retient l'industriel dans les limites étroites des préoccupations matérielles, et cette tâche, ce sont nos artistes qui l'accomplissent. Ils font de la réaction, mais de la bonne, et il convient de leur en témoigner notre vive reconnaissance. »

Enfin, M. Steinheil, l'ancien député des Vosges, a terminé dignement la première journée de la fête en prononçant une allocution toute vibrante des sentiments les plus nobles et les plus élevés. Il a montré que si une large part de la prospérité de Mulhouse peut être attribuée aux capitaux dont dispose son industrie, et une autre part à l'intelligence qui en dirige l'emploi, il ne faut pas oublier que le travail est un élément tout aussi nécessaire que le capital, et que les ouvriers sont plus que les employés des industriels : ils sont leurs coopérateurs. C'est au bon accord de ces trois facteurs qu'est due la richesse, la prospérité de Mulhouse. Cet accord, il faut le maintenir, en continuant à étudier, comme on l'a fait jusqu'ici, la question sociale à un point de vue raisonné, sensé, pratique; en consacrant les efforts les plus constants, les plus énergiques, à l'amélioration du sort de la classe des travailleurs, et en n'oubliant jamais le rang que doivent tenir les ouvriers. « Le fabricant n'a d'autres esclaves que ses machines, et les ouvriers pour lui sont de véritables coopérateurs. Les ouvriers d'ailleurs sauront respecter notre dignité de patrons, chaque fois que nous saurons respecter leur dignité d'hommes. »

C'est sous l'impression profonde causée par ces paroles dignes d'être méditées, que l'on s'est séparé. Les discours prononcés dans le courant de la soirée, l'attitude de tous ces industriels, de ces fabricants, qui luttent entre eux pour le bien commun, les sentiments qu'ils ont manifestés et qu'ils traduisent constamment en actes, ont fortifié encore l'impression que m'avait laissée la solennité de l'après-midi. Ce ne sont point là des rivaux jaloux, animés de rancunes et de haines mesquines, mais des amis combattant ensemble, côte à côte, la main dans la main, le bon combat de la civilisation. Les sentiments de fraternité qui les unissent, font, de toutes les forces dont ils disposent, un seul et même faisceau, en doublent, en triplent la valeur et les font concourir avec une puissance qui ne s'affaiblira pas au progrès et au bien de l'Alsace.

TROISIÈME LETTRE

—

Mulhouse, samedi.

Mon cher directeur,

La seconde partie de la grande fête de l'industrie mulhousienne a été aussi intéressante que la première. Jeudi, l'on avait admiré les produits ; vendredi, l'on a admiré les machines et les établissements producteurs.

La journée a commencé par la visite de la ville qu'habitent les ouvriers. C'est, en effet, toute une ville que ces immenses séries de rues bien alignées et bien larges, de maisons bien aménagées, bien aérées, qui forment ce qu'on appelle la cité ouvrière ou les cités ouvrières de Mulhouse. Ces cités sont attenantes à la ville de Mulhouse, elles n'en sont pour ainsi dire plus séparées, par suite de l'extension qu'elles ont prise, que par la largeur d'un petit jardin ou d'une rue, mais elles portent et elles continueront à porter un nom distinct. Rien de plus pittoresque que le départ de Mulhouse et l'arrivée à Dornach du long cortége des invités. Cinquante voitures au moins, appartenant presque toutes aux industriels de Mulhouse, ont amené vers dix heures les visiteurs. Arrivés à Dornach, nous avons parcouru à pied une grande partie des cités, le vénérable fondateur de cette grande institution, M. Jean Dollfus, nous guidant avec une bonne grâce dont le prix et le charme étaient rehaussés par la plus touchante modestie.

Vous connaissez l'organisation des cités; vous savez qu'elle permet aux ouvriers de devenir, au bout de très-peu d'années d'économies, propriétaires des maisons dont ils commencent par être les locataires. Je n'ai pas besoin de vous dire quel pas considérable cette organisation a fait faire à la question sociale; quel lien puissant elle crée entre les patrons et les ouvriers; comment, en devenant propriétaires, les travailleurs se sentent relevés aux yeux des autres et à leurs propres yeux, à quel point la possession de ce *home*, qui est bien à eux, contribue à les moraliser, à

éteindre ces sentiments d'envie et de
haine qui ailleurs divisent les représentants du travail et du capital. De 1854
à 1875, 892 de ces maisons ouvrières
ont été construites; 886 ont été acquises
par des familles ouvrières, au prix total
de 2,594,975 francs. La plupart de ces
maisons sont habitées par plusieurs mé-
nages; mais chaque ménage a une entrée spéciale, un jardin qui lui appar-
tient en propre; l'air et la lumière cir-
culent à flots partout; les maisons, en-
tourées d'arbres, ressemblent à des nids
de verdure et ont l'air le plus propret,
le plus coquet du monde. On respire
partout un air de santé et de satisfaction.
Les cités ont leurs maisons d'école,
leurs salles d'asile, et le court séjour que
nous avons fait dans l'une de ces salles,
les exercices auxquels ces petits Alsa-

ciens et ces petites Alsaciennes, tout fiers de l'honneur qui leur était fait, se sont livrés en notre présence, nous ont permis de juger de l'excellent esprit dans lequel l'enseignement y est donné.

Outre les établissements d'instruction pour la jeunesse, les cités ont leurs salles de lecture pour les adultes ; des restaurants où une nourriture abondante et saine est distribuée à des prix très-modérés à ceux qui ne peuvent prendre leur repas chez eux, etc.

Après s'être rendu compte des détails de cette merveilleuse organisation et des résultats immenses qu'elle devait produire, les invités, entre deux haies d'ouvriers et d'ouvrières curieux et sympathiques, se sont acheminés vers l'établissement Dollfus-Mieg, où une nouvelle fête les attendait.

La maison Dollfus-Mieg est la maison de filature, de tissage et d'impression la plus considérable de Mulhouse, et je vous en aurai signalé l'importance d'un trait en vous disant qu'elle emploie 4,000 ouvriers sur les 20,000 qui résident dans les cités, et que les frais d'exportation qu'elle paye à la France se montent de 7 à 800,000 francs par an.

Le propriétaire, M. Engel-Dollfus, vice-président de la Société industrielle, nous a fait voir les puissantes machines à vapeur qui mettent en mouvement toutes les machines-outils de la fabrique, les devantures de chaudières à bouilleurs, système perfectionné, etc. Il a fait jouer en notre présence toutes les machines destinées à éteindre les incendies et qui ont été portées à un degré de perfection remarquable.

Les sinistres sont nombreux dans les villes manufacturières, et par suite de la rapidité effroyable avec laquelle le feu se propage dans ces établissements saturés d'éléments inflammables, ils sont presque toujours désastreux. L'organisation qu'il nous a été donné d'admirer hier réduit extraordinairement et supprime presque complétement les chances de destruction des fabriques par le feu. Les cylindres extincteurs à air comprimé sont destinés à arrêter les sinistres au début. Le plus grand de ces cylindres fonctionne vingt minutes par la seule force de détente de l'air et le jet d'eau qu'il lance atteint à une hauteur de vingt mètres. Il est toujours chargé et peut être transporté sur un point quelconque de l'établissement et mis en jeu en trois ou quatre minutes. Si l'action de ces cylindres ne suffit pas à éteindre le feu, on la renforce au moyen d'un système capable d'inonder le bâtiment en un clin-d'œil, pour ainsi dire. Une pompe fixe est mise en jeu par une machine à vapeur horizontale de la force de 60 chevaux, qui fait d'ordinaire marcher une corderie ; elle lance plusieurs jets à la fois, à des hauteurs diverses, et le plus gros de ces jets a un diamètre de cinq centimètres à son point de départ. La machine étant fixe, des tuyaux amenés au moyen de dérouleurs conduisent l'eau jusqu'au point qui brûle.

Cette opération se fait avec une promptitude étonnante, en même temps qu'on déroule un fil télégraphique destiné à donner le signal dès que les tuyaux sont posés. La puissance des jets lancés par

3.

cette pompe fixe est telle que les tuiles
volaient hier en éclats et que l'on crai-
gnait de voir ébranler le bâtiment, lorsque la pompe a été mise en jeu. Le per-
sonnel du service d'incendie, qui a ma-
nœuvré avec un entrain inimitable, est
de 120 pompiers, sans compter de nombreux porteurs de hottes et de cylindres
extérieurs. Après nous avoir donné le
spectacle de toutes les pompes jouant à
la fois et inondant d'une masse d'eau
colossale un des bâtiments de la fabrique, M. Engel-Dollfus nous a fait trans-
porter, sur une petite voie de fer destinée à mener la houille dans son établissement, dans une vaste salle de manége
où devait être servi un déjeuner à plus
de trois cents invités. Un accueil prin-
cier nous attendait dans cette salle qui,
pendant la guerre, avait été consacrée

aux soins à donner aux blessés français.
Au moment où l'on allait se mettre à table, la nouvelle de la mort tragique du ministre de l'intérieur de la France se répandit dans les rangs et y causa une impression qui témoignait vivement de l'intérêt que l'on continue à porter aux destinées de l'ancienne patrie, de la jeune république française et des ministres chargés de guider ses premiers pas. Puis un incident d'un autre genre, mais également touchant, se produisit. Un certain nombre des plus anciens ouvriers de la maison, ayant tous au moins cinquante ans de service dans l'établissement, firent leur entrée dans la salle et prirent place à la table d'honneur, à côté des plus riches fabricants de la grande ville manufacturière, et cela aux applaudissements enthousiastes des assistants.

Cet épisode achèvera de vous peindre la nature des relations qui lient ici les ouvriers aux patrons.

Au dessert, des toasts aussi nombreux que ceux de la veille, mais plus vibrants encore et plus enthousiastes. Les sentiments intimes, qui hier avaient été si sagement et si héroïquement contenus à la séance officielle, débordèrent et se donnèrent plus libre carrière dans cette fête intime et pour ainsi dire toute de famille.

Tout d'abord l'amphitryon, M. Engel-Dollfus, prend la parole pour souhaiter la bienvenue à ses invités. Il fait l'éloge de la Société industrielle dont on célèbre la fête, et il rappelle que cette fête se célèbre pour ainsi dire « dans un des fiefs de la Société, puisque la maison Dollfus-Mieg n'a jamais cessé de lui

payer sa dîme de travail, de sympathie
et de dévouement. » Il retrace à grands
traits l'histoire de la maison, il rappelle
les développements que lui ont donnés
les Emile Dollfus, Daniel Dollfus père et
fils, les Henri Schlumberger, les Bur-
nat, etc. Il rattache à ces grands noms
les noms plus humbles des ouvriers qui
sont ou ont été leurs collaborateurs, et il
nous apprend que le plus ancien de ces
ouvriers, unis à leurs maîtres par des
sentiments presque fraternels, a donné
à la maison 63 ans de travail.

M. Engel-Dollfus termine son discours à la fois spirituel et émouvant, en
proposant la santé de ces vétérans si dignes de respect. L'assemblée accueillit
chaudement cette motion et montra avec
éclat comment Mulhouse sait honorer le
travail.

3...

M. Beugnior, dans un speech plein de verve, a porté ensuite la santé de la maison Dollfus-Mieg et de son chef vénéré, M. Jean Dollfus, « ce grand citoyen à qui l'on doit tant de belles créations, et surtout les cités ouvrières, et qui tient la tête de l'industrie et de la ville de Mulhouse, non-seulement par son intelligence, par sa générosité, mais encore par la fermeté et la hauteur de ses senti. ments patriotiques. »

M. Auguste Dollfus remercie l'amphitryon de la fête à laquelle il a convié si généreusement tant d'hôtes venus de près et de loin. Il rappelle les nombreux services rendus par M. Engel-Dollfus à ses compatriotes, il signale surtout les efforts qu'il a faits depuis de si longues années pour le développement non-seulement matériel, mais moral et intellec-

tuel de la classe ouvrière, les bibliothè-
ques populaires, les cours d'adultes
créés ou soutenus par lui, « la noble
manière dont il comprend ses devoirs
d'homme et de chef de grande maison. »

M. Hagenbach-Bischoff exprime sa
gratitude aux organisateurs de la fête,
au nom de la Société industrielle de Bâle,
et fait des vœux pour que les deux villes
de Bâle et de Mulhouse resserrent les
liens qui les unissent « en s'annexant
chacune les améliorations et les progrès
obtenus par l'autre. » M. Blech de
Sainte-Marie-aux-Mines se lève ensuite,
et en quelques mots à la fois touchants
et gracieux, porte un des toasts les plus
intéressants de la journée. « Mes amis
m'ont engagé, dit-il, à me souvenir de
l'objet préféré de mes goûts et à parler

de fleurs et de l'exposition d'horticulture. Je suivrai leur invitation, qui répond à mes sentiments intimes. Vous vous souvenez du bouquet qui ornait la locomotive attachée au train d'honneur qui nous a amenés ici. Ces fleurs avaient trois couleurs qui nous sont chères, et ces trois couleurs se détachaient sur un fond de verdure, emblème de l'espérance. La locomotive porte le nom vénéré de Jean Dollfus. Je bois donc et je vous invite à boire au bouquet Jean Dollfus. » Des applaudissements frénétiques répondent à ces émouvantes paroles, et dans tous les coins de la salle c'est un enthousiasme brûlant, débordant.

M. Martin, président de la Société industrielle de Reims, boit « à l'union perpétuelle de la Société de Mulhouse avec ses sœurs de France. »

A peine l'émotion jetée dans tous les cœurs par ces discours s'est-elle un peu calmée qu'un nouveau mouvement sé produit dans la salle. Les ouvriers se lèvent et viennent trinquer avec le créateur de leurs cités. M. Jean Dollfus les remercie en termes émus et boit à la santé du plus âgé d'entre eux. M. Zuber remercie tous les amis de la France et de Francfort — M. Sonnemann, rédacteur de la *Gazette de Francfort*, était présent — qui ont accepté l'invitation de la Société industrielle de Mulhouse.

M. Besselièvre provoque une folle hilarité dans l'assistance en parlant « des sentiments d'amitié qu'éprouve l'industrie de Rouen pour celle de Mulhouse et qui la pousse à copier les dessins de l'industrie mulhousienne. » Il hâte de ses vœux le jour « où la concurrence

entre les deux villes sera de nouveau
libre. » M. Noblot d'Héricourt, dans un
discours qui a remporté le plus franc
succès, a salué, « lui républicain de
France, la république suisse représentée
par les amis de Bâle, » et il a exprimé le
souhait que « la république française
continue à imiter l'esprit d'ordre et de
sagesse de la république suisse. » Il a
terminé en revenant au véritable objet
de la fête, il a remercié la Société industrielle de Mulhouse d'avoir montré, par
ses nombreuses institutions, la voie où
il faudra s'engager pour résoudre les
questions sociales et amener la paix sociale. Il a engagé tous les industriels de
la France et des autres pays à imiter les
nstitutions de Mulhouse. La série des
toasts a été close par quelques mots émou-
vants de M. Jean Dollfus en faveur de

la prospérité croissante de la république
française. Le souvenir de l'ancienne patrie, de la France, s'associait intimement,
vous le voyez, à tous les sentiments qu'é-
veillait la fête, et il était évident que,
tant que notre jeune république marche-
rait dans des voies à la fois sûres et larges, l'Alsace tournerait vers elle de sympathiques regards.

La plupart des invités ont visité, au
sortir du banquet, le musée archéologi-
que et alsatique de M. Engel-Dollfus,
l'école de dessin et le musée historique
de Mulhouse. Un grand nombre d'entre eux sont retournés à l'Exposition
industrielle pour contempler encore
une fois les merveilles de l'industrie locale et régionale.

J'ai vu de nombreux visiteurs s'arrêter longuement, non-seulement dans les

salles contenant les sections indus-
trielles, mais encore dans la section des
beaux-arts, où j'ai été frappé surtout
de la beauté de la collection de faïences
exposée par M. Deck, de Guebwiller,
un de ces artistes alsaciens qui sont tout
entiers et sans partage les enfants, les
élèves de leur seul et propre génie. J'ai
pu donner aussi un coup d'œil, plus
rapide sans doute que je n'aurais voulu,
à l'exposition de peinture où se trouvent
réunies un certain nombre des toiles les
plus remarquables de tous nos peintres
alsaciens. Les noms des Benner, des
Ehrmann, des Henner, des Jundt, des
Schuler, des Schutzenberger, des Tou-
chemolin, des Vetter, des Zuber se re-
trouvent là à chaque pas et représentent
brillamment, et dans la même confra-
ternité chaude et cordiale que les autres

expositions, une des plus belles branches de l'art alsacien.

La fête proprement dite se terminera par un concert. La musique, une des muses favorites de l'Alsace, complétera l'impression laissée dans tous les cœurs par les belles et grandes choses qu'il nous a été donné de voir et d'entendre pendant les deux journées de jeudi et de vendredi. Le bal, qui avait été inscrit sur le programme de cette semaine, sera remis à la quinzaine; il aura, lui aussi, un caractère local bien intéressant, les dames de Mulhouse s'étant engagées toutes à porter ce soir-là exclusivement des robes et des objets de toilette sortis des établissements de leurs maris, de leurs frères, de leurs parents : elles tiennent à montrer sur leur personne ce que l'art féminin sait ajouter de grâce et de charme aux produits de la science et de l'industrie de l'homme.

Vous avouerai-je combien je regrette de ne pouvoir m'arrêter assez longtemps pour jouir du spectacle original et piquant que doit offrir cette fête? Je quitte Mulhouse pour aller passer — on me le pardonnera — les quelques minutes dont je puis encore disposer, dans une ville d'Alsace qui m'est bien chère, et où je retrouverai d'innombrables souvenirs personnels à la fois si tristes et si doux. J'emporte de Mulhouse, comme tous les hôtes de ces gracieux princes de l'industrie, l'impression forte et profonde de toutes les grandes choses que cette vaillante race accomplit tous les jours et est appelée à accomplir encore, ainsi que le souvenir de l'accueil si gracieux, si cordial, que m'a valu l'avantage de représenter un journal qui a conservé de si nombreuses et de si vives sympathies dans la terre d'Alsace (1).

(1) Nos lecteurs trouveront dans une brochure que vient de publier un enfant de Mulhouse, des détails intéressants sur l'histoire de l'ancienne ville. La brochure a paru sous ce titre : *Albert Metzger, la République de Mulhausen (717-1798)*. Mulhouse, librairie alsacienne d'Emile Perrin.

7403. — Paris. Typ. de Ch. Meyrueis, rue Cujas.

Documents manquants (pages, cahiers...)

NF Z 43-120-13